Tospråklige Eventyr for Nysgjerrige Barn: Engelsk-Norske Fortellinger for Barn

Artici Kids

Published by Artici Kids, 2024.

While every precaution has been taken in the preparation of this book, the publisher assumes no responsibility for errors or omissions, or for damages resulting from the use of the information contained herein.

TOSPRÅKLIGE EVENTYR FOR NYSGJERRIGE BARN: ENGELSK-NORSKE FORTELLINGER FOR BARN

First edition. June 27, 2024.

Copyright © 2024 Artici Kids.

ISBN: 979-8227592644

Written by Artici Kids.

Table of Contents

The Ballerina and the Magical Shoes

Once upon a time, in a bustling city, there lived a young girl named Bella. Bella was no ordinary girl; she had a dream as big as the sky. She wanted to be a ballerina. She would twirl and leap around her tiny room, imagining herself on the grandest stages of the world. But there was a small problem. Bella's family couldn't afford ballet classes or fancy ballet shoes.

One sunny afternoon, while Bella was walking home from school, she stumbled upon an old, dusty shop tucked away in a narrow alley. The sign above the door read "Mystical Treasures." Bella, being a curious soul, decided to peek inside.

The shop was filled with all sorts of oddities: ancient books, sparkling trinkets, and peculiar artifacts. As Bella wandered around, her eyes fell upon a pair of ballet shoes. They were unlike any shoes she had ever seen. They shimmered with a magical glow, and the moment she saw them, she felt a tingle of excitement.

An elderly shopkeeper appeared from behind a curtain. His eyes twinkled with kindness. "Ah, I see you've found the magical ballet shoes," he said with a knowing smile. "These shoes are very special. They choose their wearer, and it seems they have chosen you."

Bella's heart skipped a beat. "But I can't afford them," she whispered, her dreams crashing down.

The shopkeeper chuckled softly. "These shoes aren't bought with money, dear child. They are earned with a pure heart and a love for dancing. Take them, and let your heart guide you."

With trembling hands, Bella slipped on the shoes. Instantly, she felt a surge of energy. She twirled, and to her amazement, her movements were graceful and effortless. She felt like she was floating on air.

From that day on, Bella practiced diligently. Every morning before school and every evening before bed, she would dance. Her confidence grew, and so did her skill. The magical shoes seemed to respond to her dedication, making her leaps higher and her spins faster.

One day, a famous ballet company came to town, hosting auditions for a new performance. Bella knew this was her chance. Despite her nerves, she walked into the audition hall, her magical shoes gleaming.

When Bella's turn came, she took a deep breath and let the music guide her. She danced like never before, pouring all her heart and soul into every move. The judges watched in awe, captivated by her grace and passion.

After what felt like an eternity, the head judge stood up and announced, "We have found our star!" Bella could hardly believe her ears. She had done it!

Bella's family was overjoyed, and the whole town celebrated her success. She went on to perform on the grandest stages, enchanting audiences with her talent. But Bella never forgot the old shopkeeper and his magical shoes.

Years later, Bella returned to the alley, hoping to thank the kind man. But the shop was gone, as if it had never existed. Bella smiled, realizing that the true magic wasn't in the shoes, but in her heart and her love for dancing.

And so, Bella danced her way into the hearts of people everywhere, proving that with a pure heart and a passion for your dreams, anything is possible.

Ballerinaen og de Magiske Skoene

D et var en gang en ung jente ved navn Bella som bodde i en travel by. Bella var ingen vanlig jente; hun hadde en drøm som var like stor som himmelen. Hun ønsket å bli ballerina. Hun snurret og hoppet rundt på det lille rommet sitt og forestilte seg selv på de største scenene i verden. Men det var et lite problem. Bellas familie hadde ikke råd til ballettimer eller fine ballettsko.

En solfylt ettermiddag, mens Bella gikk hjem fra skolen, snublet hun over en gammel, støvete butikk gjemt bort i en trang bakgate. Skiltet over døren leste "Mystiske Skatter." Bella, som var en nysgjerrig sjel, bestemte seg for å titte inn.

Butikken var fylt med alle slags merkelige ting: gamle bøker, glitrende pyntegjenstander og underlige artefakter. Mens Bella vandret rundt, falt øynene hennes på et par ballettsko. De var ulikt noen sko hun noen gang hadde sett. De skimret med en magisk glød, og i det øyeblikket hun så dem, følte hun en kriblende spenning.

En eldre butikkkeeper dukket opp bak et forheng. Øynene hans glitret av vennlighet. "Ah, jeg ser du har funnet de magiske ballettskoene," sa han med et lurt smil. "Disse skoene er veldig spesielle. De velger sin bærer, og det ser ut som om de har valgt deg."

Bellas hjerte hoppet over et slag. "Men jeg har ikke råd til dem," hvisket hun, og drømmene hennes falt sammen.

Butikkkeeperen humret mykt. "Disse skoene kjøpes ikke med penger, kjære barn. De fortjenes med et rent hjerte og en kjærlighet for dans. Ta dem, og la hjertet ditt lede deg."

Med skjelvende hender tok Bella på seg skoene. Umiddelbart følte hun en bølge av energi. Hun snurret rundt, og til sin forbløffelse var bevegelsene hennes grasiøse og lette. Hun følte det som om hun svevde på luft.

Fra den dagen av øvde Bella flittig. Hver morgen før skolen og hver kveld før sengetid, danset hun. Selvtilliten hennes vokste, og det samme gjorde ferdighetene hennes. De magiske skoene syntes å reagere på hennes dedikasjon, gjorde hoppene høyere og snurringene raskere.

En dag kom et berømt ballettkompani til byen og arrangerte audisjoner for en ny forestilling. Bella visste at dette var hennes sjanse. Til tross for nervene, gikk hun inn i auditionhallen, og de magiske skoene hennes skinte.

Da det ble Bellas tur, tok hun et dypt åndedrag og lot musikken lede henne. Hun danset som aldri før, og la all sin hjerte og sjel i hver bevegelse. Dommerne så på i ærefrykt, fanget av hennes eleganse og lidenskap.

Etter det som føltes som en evighet, reiste hoveddommeren seg og kunngjorde, "Vi har funnet vår stjerne!" Bella kunne knapt tro sine ører. Hun hadde gjort det!

Bellas familie var over seg av glede, og hele byen feiret hennes suksess. Hun fortsatte å opptre på de største scenene, fortryllende publikum med sitt talent. Men Bella glemte aldri den gamle butikkkeeperen og hans magiske sko.

År senere vendte Bella tilbake til bakgaten, i håp om å takke den vennlige mannen. Men butikken var borte, som om den aldri hadde eksistert. Bella smilte, innså at den sanne magien ikke var i skoene, men i hjertet hennes og hennes kjærlighet for dans.

Og slik danset Bella seg inn i hjertene til folk overalt, og beviste at med et rent hjerte og en lidenskap for drømmene dine, er alt mulig.

Captain Barnacle and the Treasure of Tumble Island

Once upon a time, on the high seas, there sailed a pirate like no other. His name was Captain Barnacle, and he was known far and wide for his magnificent beard, which was as tangled and full of surprises as his adventurous life. He wore a patch over one eye, a hat with a huge feather, and boots that were always just a bit too big. But what made Captain Barnacle truly special was his heart of gold.

Captain Barnacle's ship, The Rusty Seagull, was the fastest and most peculiar vessel on the seven seas. It was crewed by an equally unusual gang of pirates: Peg-Leg Pete, who had a wooden leg that squeaked with every step; Crazy Clara, who had a parrot named Squawk; and Tiny Tim, who wasn't tiny at all, but a giant with a booming laugh. They were a merry bunch, always singing sea shanties and playing pranks on each other.

One bright morning, as the sun peeked over the horizon, Captain Barnacle stood on the deck of The Rusty Seagull, looking through his spyglass. Suddenly, he spotted something glimmering in the distance. It was a message in a bottle, bobbing on the waves. With a deft hook, he fished it out of the water.

"Ahoy, crew! We've got ourselves a mystery to solve!" he exclaimed.

The crew gathered around as Captain Barnacle uncorked the bottle and pulled out a tattered map. The map led to Tumble Island, a place rumored to be filled with incredible treasures but also great dangers.

"Are ye ready for an adventure?" Captain Barnacle shouted.

"Aye aye, Captain!" the crew chorused, excitement bubbling in the air.

With the sails billowing and the wind at their backs, The Rusty Seagull sped towards Tumble Island. Along the way, they encountered playful dolphins, angry sea storms, and even a school of flying fish that nearly knocked Crazy Clara off her feet.

As they approached Tumble Island, the sky turned a deep shade of red, and the sea became eerily calm. The island was covered in dense jungle, with the sound of exotic birds echoing through the air. The crew anchored the ship and made their way ashore, following the map's winding path through the thick foliage.

The map led them to a clearing with a huge, ancient tree at its center. At the base of the tree was a stone chest, covered in moss and vines. Captain Barnacle and his crew worked together to clear the chest and open it. Inside, they found not gold or jewels, but a collection of old, dusty books.

The crew looked puzzled, but Captain Barnacle's eyes sparkled with understanding. He opened one of the books and began to read aloud. The pages were filled with stories of brave heroes, magical creatures, and distant lands. The books were the real treasure, full of knowledge and adventure.

"These are stories from the great Captain Winklebeard!" Captain Barnacle exclaimed. "He was the wisest pirate of them all. These books will teach us more than any treasure ever could."

The crew cheered, realizing they had found something even more valuable than gold. They spent the rest of the day reading the stories, laughing and learning new things. When they finally sailed back to the sea, they felt richer than ever.

Captain Barnacle and his crew continued their adventures, guided by the wisdom and tales from Captain Winklebeard's books. They became known as the smartest and kindest pirates on the high seas, always ready to help those in need and share their newfound knowledge.

And so, Captain Barnacle and his crew lived happily ever after, proving that the greatest treasures are not always made of gold, but of stories and the joy of learning.

Kaptein Barnacle og Skatten på Tumleøy

Det var en gang, på de høye hav, en sjørøver ulik alle andre. Han het Kaptein Barnacle, og han var kjent vidt og bredt for sitt praktfulle skjegg, som var like flokete og fullt av overraskelser som hans eventyrlige liv. Han hadde en lapp over det ene øyet, en hatt med en diger fjær, og støvler som alltid var litt for store. Men det som gjorde Kaptein Barnacle virkelig spesiell, var hans hjerte av gull.

Kaptein Barnacles skip, Den Rustne Måken, var det raskeste og mest merkverdige fartøyet på de syv hav. Mannskapet hans var en like uvanlig gjeng av sjørøvere: Trebein-Peter, som hadde et trebein som knirket for hvert skritt; Gale Clara, som hadde en papegøye kalt Skravle; og Lille Tim, som ikke var liten i det hele tatt, men en kjempe med en rungende latter. De var en lystig gjeng, alltid syngende sjantiere og spilte streker på hverandre.

En lys morgen, mens solen tittet over horisonten, sto Kaptein Barnacle på dekk av Den Rustne Måken, og så gjennom sin kikkert. Plutselig oppdaget han noe glitrende i det fjerne. Det var en beskjed i en flaske, som duppet på bølgene. Med en rask krok, fisket han den ut av vannet.

"Ohoi, mannskap! Vi har en gåte å løse!" utbrøt han.

Mannskapet samlet seg rundt da Kaptein Barnacle trakk ut en fillete kart fra flasken. Kartet ledet til Tumleøy, et sted som ryktes å være fylt med utrolige skatter, men også store farer.

"Er dere klare for et eventyr?" ropte Kaptein Barnacle.

"Ja, kaptein!" ropte mannskapet i kor, spenningen boblet i luften.

Med seilene blåste og vinden i ryggen, hastet Den Rustne Måken mot Tumleøy. Underveis møtte de lekne delfiner, sinte havstormer, og til og med en stim med flyvefisk som nesten slo Gale Clara av føttene.

Da de nærmet seg Tumleøy, ble himmelen en dyp rød, og havet ble uhyggelig rolig. Øya var dekket av tett jungel, med lyden av eksotiske fugler som gjenlød i luften. Mannskapet ankret skipet og tok veien i land, fulgte kartets svingete sti gjennom den tette vegetasjonen.

Kartet ledet dem til en lysning med et stort, gammelt tre i sentrum. Ved foten av treet var en steinkiste, dekket av mose og vinstokker. Kaptein Barnacle og mannskapet hans jobbet sammen for å fjerne kisten og åpne den. Inne fant de ikke gull eller juveler, men en samling gamle, støvete bøker.

Mannskapet så forvirret ut, men Kaptein Barnacles øyne glitret av forståelse. Han åpnet en av bøkene og begynte å lese høyt. Sidene var fylt med historier om modige helter, magiske skapninger, og fjerne land. Bøkene var den ekte skatten, fulle av kunnskap og eventyr.

"Disse er historier fra den store Kaptein Vinkelskjegg!" utbrøt Kaptein Barnacle. "Han var den klokeste sjørøveren av dem alle. Disse bøkene vil lære oss mer enn noen skatt noensinne kunne."

Mannskapet jublet, og innså at de hadde funnet noe enda mer verdifullt enn gull. De tilbrakte resten av dagen med å lese historiene, le og lære nye ting. Da de endelig seilte tilbake til havet, følte de seg rikere enn noensinne.

Kaptein Barnacle og mannskapet hans fortsatte sine eventyr, veiledet av visdommen og fortellingene fra Kaptein Vinkelskjeggs bøker. De ble kjent som de smarteste og snilleste sjørøverne på de høye hav, alltid klare til å hjelpe de som trengte det og dele sin nyfunne kunnskap.

Og slik levde Kaptein Barnacle og mannskapet hans lykkelig alle sine dager, og beviste at de største skattene ikke alltid er laget av gull, men av historier og gleden ved å lære.

The Unicorn and the Enchanted Forest

In a land far away, where the hills rolled like gentle waves and the sky was always a brilliant blue, there was a magical forest known as the Enchanted Wood. This forest was unlike any other. The trees whispered secrets to each other, the flowers sang soft melodies, and the streams sparkled with a thousand colors. But the most magical of all the creatures in the forest was a unicorn named Luna.

Luna was a sight to behold. She had a coat as white as snow, a mane that shimmered with all the colors of the rainbow, and a horn that glowed with a gentle, golden light. Luna loved the Enchanted Wood and spent her days exploring its many wonders. She had many friends among the forest creatures, from the tiniest ants to the grandest eagles, and she cherished each one dearly.

One sunny morning, as Luna was sipping dew from a violet flower, she heard a rustling in the bushes. Out popped a little squirrel named Squeaky, who looked rather distressed.

"Luna! Luna! You must come quickly!" Squeaky squeaked, his tiny paws shaking.

"What's wrong, Squeaky?" Luna asked, concern in her voice.

"It's the Great Oak! It's sick and nobody knows why!" Squeaky explained.

The Great Oak was the oldest and wisest tree in the Enchanted Wood. It was said that the forest itself grew from the magic of the Great Oak. If it was sick, it meant trouble for the entire forest.

Without a moment's hesitation, Luna galloped through the forest, following Squeaky to the heart of the Enchanted Wood where the Great Oak stood. As she approached, Luna could see that the Great Oak's leaves were turning brown, and its branches were drooping.

Gathered around the Great Oak were many of Luna's friends: Fluffy the bunny, Chirpy the bird, and even Gruff the bear. They all looked worried and helpless.

"Luna, do you think you can help?" Fluffy asked, her little nose twitching.

Luna closed her eyes and touched her horn to the trunk of the Great Oak. She could feel its pain and exhaustion. The Great Oak had always been strong and resilient, but now it seemed weak and tired. Luna knew she had to do something, but what?

Just then, a soft, wise voice spoke. It was the spirit of the Great Oak.

"Luna, brave unicorn, the forest's magic is fading because the Heartstone is missing."

The Heartstone was a legendary gem that was said to be the source of the Enchanted Wood's magic. Without it, the forest would wither and die.

"But where is the Heartstone?" Luna asked, determined to find it.

"The Heartstone was stolen by the Shadow Witch, who lives in the Dark Cave beyond the mountains," the Great Oak's spirit explained. "Only the purest of hearts can retrieve it."

Luna knew what she had to do. She gathered her friends and told them of her plan to retrieve the Heartstone. They all offered to come with her, but Luna insisted that this was a journey she had to undertake alone.

With a heavy heart but a determined spirit, Luna set off towards the mountains. The journey was long and arduous. She crossed roaring rivers, climbed steep cliffs, and braved fierce storms. But Luna's courage never wavered.

Finally, after many days of travel, Luna reached the Dark Cave. It was a terrifying place, filled with eerie shadows and strange noises. But Luna stepped inside, her horn lighting the way. Deep within the cave, she found the Shadow Witch.

The Shadow Witch was a fearsome creature, with dark robes and eyes that glowed like embers. She held the Heartstone in her clawed hands, its light dimmed by her dark magic.

"Who dares enter my domain?" the Shadow Witch hissed.

"I am Luna, the unicorn, and I have come to retrieve the Heartstone," Luna declared boldly.

The Shadow Witch laughed a cold, cruel laugh. "You? A mere unicorn? What makes you think you can take the Heartstone from me?"

Luna stood tall and proud. "Because my heart is pure, and I have the love of the Enchanted Wood within me."

With those words, Luna's horn began to glow brighter and brighter. The light grew so intense that it filled the entire cave, pushing back the shadows. The Shadow Witch screamed and tried to shield herself, but the light was too powerful.

The Heartstone leaped from the Shadow Witch's grasp and floated towards Luna. As it touched her horn, it shone with a brilliant, blinding light. The darkness of the cave melted away, and the Shadow Witch vanished with a final, despairing wail.

With the Heartstone secured, Luna made her way back to the Enchanted Wood. As she approached the Great Oak, the Heartstone's light began to spread, touching every leaf, flower, and creature. The forest came alive with color and music, more vibrant and magical than ever before.

The Great Oak's leaves turned green again, and its branches lifted high into the sky. The forest creatures cheered and danced, overjoyed to see their home restored.

"Thank you, Luna," the Great Oak's spirit said, its voice filled with gratitude. "You have saved us all."

Luna smiled, her heart filled with joy. She knew that as long as there was love and bravery, the magic of the Enchanted Wood would never fade.

And so, Luna and her friends lived happily ever after, their bond with the forest stronger than ever. They continued to protect and cherish the Enchanted Wood, knowing that its magic came from their love and unity.

Enhjørningen og Den Fortryllede Skogen

I et land langt borte, hvor åsene rullet som milde bølger og himmelen alltid var strålende blå, fantes det en magisk skog kjent som Den Fortryllede Skogen. Denne skogen var ulik noen annen. Trærne hvisket hemmeligheter til hverandre, blomstene sang myke melodier, og bekkene glitret i tusen farger. Men det mest magiske av alle skapningene i skogen var en enhjørning som het Luna.

Luna var et syn å se. Hun hadde en pels hvit som snø, en manke som glitret med alle regnbuens farger, og et horn som glødde med et mildt, gyllent lys. Luna elsket Den Fortryllede Skogen og tilbrakte dagene sine med å utforske dens mange underverker. Hun hadde mange venner blant skogens skapninger, fra de minste maur til de største ørner, og hun satte stor pris på hver og en.

En solrik morgen, mens Luna drakk dugg fra en fiolett blomst, hørte hun en rasling i buskene. Ut spratt et lite ekorn som het Squeaky, og han så ganske bekymret ut.

"Luna! Luna! Du må komme raskt!" pep Squeaky, hans små poter ristet.

"Hva er galt, Squeaky?" spurte Luna, bekymring i stemmen.

"Det er Store Eik! Den er syk og ingen vet hvorfor!" forklarte Squeaky.

Store Eik var det eldste og klokeste treet i Den Fortryllede Skogen. Det ble sagt at skogen selv vokste fra magien til Store Eik. Hvis det var sykt, betydde det trøbbel for hele skogen.

Uten å nøle et øyeblikk, galopperte Luna gjennom skogen, fulgte Squeaky til hjertet av Den Fortryllede Skogen hvor Store Eik sto. Da hun nærmet seg, kunne Luna se at Store Eiks blader ble brune, og grenene hang slapt.

Rundt Store Eik hadde mange av Lunas venner samlet seg: Fluffy kaninen, Chirpy fuglen, og til og med Gruff bjørnen. De så alle bekymret og hjelpeløse ut.

"Luna, tror du at du kan hjelpe?" spurte Fluffy, nesen hennes rykket.

Luna lukket øynene og rørte ved stammen til Store Eik med hornet sitt. Hun kunne føle treets smerte og utmattelse. Store Eik hadde alltid vært sterk og motstandsdyktig, men nå virket det svakt og slitent. Luna visste at hun måtte gjøre noe, men hva?

Akkurat da, hørte hun en myk, klok stemme. Det var ånden til Store Eik.

"Luna, modige enhjørning, skogens magi forsvinner fordi Hjertesteinen mangler."

Hjertesteinen var en legendarisk edelsten som ble sagt å være kilden til Den Fortryllede Skogens magi. Uten den ville skogen visne og dø.

"Men hvor er Hjertesteinen?" spurte Luna, bestemt på å finne den.

"Hjertesteinen ble stjålet av Skyggehavkvinnen, som bor i Den Mørke Grotten bortenfor fjellene," forklarte Store Eiks ånd. "Bare de reneste hjerter kan hente den."

Luna visste hva hun måtte gjøre. Hun samlet vennene sine og fortalte dem om planen hennes for å hente Hjertesteinen. De tilbød seg alle å bli med henne, men Luna insisterte på at dette var en reise hun måtte foreta alene.

Med tungt hjerte, men bestemt ånd, satte Luna av sted mot fjellene. Reisen var lang og vanskelig. Hun krysset brusende elver, klatret bratte klipper, og trosset voldsomme stormer. Men Lunas mot vaklet aldri.

Til slutt, etter mange dagers reise, nådde Luna Den Mørke Grotten. Det var et skremmende sted, fylt med uhyggelige skygger og merkelige lyder. Men Luna trådte inn, med hornet sitt som lyste veien. Dypt inne i grotten fant hun Skyggehavkvinnen.

Skyggehavkvinnen var en fryktinngytende skapning, med mørke kapper og øyne som glødet som glør. Hun holdt Hjertesteinen i sine klolignende hender, dens lys bleknet av hennes mørke magi.

"Hvem våger å entre mitt rike?" hveste Skyggehavkvinnen.

"Jeg er Luna, enhjørningen, og jeg har kommet for å hente Hjertesteinen," erklærte Luna modig.

Skyggehavkvinnen lo en kald, ondskapsfull latter. "Du? En simpel enhjørning? Hva får deg til å tro at du kan ta Hjertesteinen fra meg?"

Luna sto stolt og rank. "Fordi mitt hjerte er rent, og jeg har kjærligheten til Den Fortryllede Skogen i meg."

Med de ordene begynte Lunas horn å gløde sterkere og sterkere. Lyset ble så intenst at det fylte hele grotten, og presset tilbake skyggene. Skyggehavkvinnen skrek og prøvde å skjerme seg, men lyset var for mektig.

Hjertesteinen hoppet ut av Skyggehavkvinnens grep og svevde mot Luna. Da den rørte ved hornet hennes, lyste den med et strålende, blendende lys. Mørket i grotten smeltet bort, og Skyggehavkvinnen forsvant med et siste, fortvilet skrik.

Med Hjertesteinen sikret, tok Luna veien tilbake til Den Fortryllede Skogen. Da hun nærmet seg Store Eik, begynte lyset fra Hjertesteinen å spre seg, berørte hvert blad, hver blomst, og hver skapning. Skogen kom til live med farger og musikk, mer levende og magisk enn noensinne før.

Store Eiks blader ble grønne igjen, og grenene løftet seg høyt mot himmelen. Skogens skapninger jublet og danset, overglade for å se hjemmet sitt gjenopprettet.

"Takk, Luna," sa Store Eiks ånd, stemmen var fylt med takknemlighet. "Du har reddet oss alle."

Luna smilte, hjertet fylt med glede. Hun visste at så lenge det fantes kjærlighet og mot, ville magien i Den Fortryllede Skogen aldri forsvinne.

Og slik levde Luna og vennene hennes lykkelig alle sine dager, deres bånd med skogen sterkere enn noensinne. De fortsatte å beskytte og verdsette Den Fortryllede Skogen, vel vitende om at dens magi kom fra deres kjærlighet og enhet.

Polly and the Magic Pencil

In a quaint little town called Willow Creek, there lived a girl named Polly. Polly was an ordinary girl with an extraordinary imagination. She loved to draw, and her bedroom walls were covered with her colorful sketches of fantastical creatures and faraway lands.

One rainy afternoon, as Polly rummaged through the attic of her house, she stumbled upon an old, dusty box. Curiosity getting the better of her, she opened it and found an ancient-looking pencil inside. It was beautifully crafted with intricate designs and a shimmering golden hue.

Polly took the pencil downstairs and began to draw on a piece of paper. To her amazement, as she sketched a butterfly, it fluttered off the page and flew around the room! Polly blinked in disbelief. The pencil was magical!

Excited and a little nervous, Polly decided to test the pencil's powers further. She drew a small bird, and sure enough, it chirped and flew around her head. Polly's heart raced with joy and wonder. She quickly realized that this pencil had the power to bring her drawings to life.

The next morning, Polly couldn't wait to show her discovery to her best friend, Max. Max was a curious and clever boy who loved adventures just as much as Polly did. When she demonstrated the pencil's magic, Max's eyes widened in astonishment.

"Polly, this is incredible! We could have the most amazing adventures with this pencil!" Max exclaimed.

They decided to keep the pencil a secret and use it to go on extraordinary adventures. Their first adventure took them to a jungle. Polly drew a lush, green forest with tall trees, exotic flowers, and winding rivers. As soon as she finished, the room around them transformed into a dense jungle.

Pippin barked excitedly as he dashed through the underbrush, and Polly and Max followed close behind. They encountered colorful parrots, playful monkeys, and even a gentle elephant who let them ride on its back. It was the most magical experience they had ever had.

As the weeks went by, Polly and Max went on many more adventures. They explored ancient castles, sailed the seven seas, and even flew to distant planets. With each new adventure, they grew closer and their imaginations soared to new heights.

One day, while exploring a mysterious cave, Polly and Max discovered an old map that led to a hidden treasure. The map was filled with clues and riddles that only they could solve. Determined to find the treasure, Polly drew the final piece of the map using her magic pencil, and the adventure began.

The map led them through treacherous mountains, across vast deserts, and into enchanted forests. Along the way, they had to outsmart tricky trolls, avoid cunning traps, and solve challenging puzzles. But Polly and Max never gave up. They knew that together, they could overcome any obstacle.

Finally, after a long and arduous journey, they reached the location marked by the X on the map. It was a beautiful meadow with a single ancient tree standing tall in the center. Underneath the tree, they found a treasure chest.

With trembling hands, Polly opened the chest, and inside, they found not gold or jewels, but a collection of the most magnificent art supplies they had ever seen. There were paints that sparkled like stars, brushes that danced in their hands, and paper that shimmered with magic.

As they marveled at their discovery, a gentle voice spoke from the tree. It was the spirit of the forest, an old and wise being who had watched over the land for centuries.

"Polly and Max, you have proven yourselves to be brave, creative, and kind-hearted. This treasure is a gift to you, so you can continue to bring joy and wonder into the world with your art. Use it wisely."

Polly and Max thanked the spirit and promised to use their new art supplies to make the world a better place. They returned home, their hearts full of inspiration and gratitude.

From that day on, Polly and Max used their magical pencil and the enchanted art supplies to create beautiful art that brought happiness to everyone in Willow Creek. They painted murals on the walls of their school, drew magical creatures for their friends, and even held art shows to inspire others.

Polly's bedroom walls continued to be filled with her fantastical drawings, but now, her art was also shared with the world. She and Max had learned that the true magic of the pencil was not just in bringing their drawings to life, but in the joy and wonder it brought to others.

Polly og den Magiske Blyanten

I en koselig liten by som het Willow Creek, bodde en jente som het Polly. Polly var en helt vanlig jente med en ekstraordinær fantasi. Hun elsket å tegne, og soveromsveggene hennes var dekket med fargerike skisser av fantastiske skapninger og fjerne land.

En regnfull ettermiddag, mens Polly rotet gjennom loftet i huset sitt, snublet hun over en gammel, støvete boks. Nysgjerrigheten tok overhånd, og hun åpnet den og fant en gammel blyant inni. Den var vakkert utformet med intrikate mønstre og en skimrende gylden farge.

Polly tok blyanten ned og begynte å tegne på et papir. Til hennes forbløffelse, da hun tegnet en sommerfugl, fløy den av siden og rundt i rommet! Polly blinket i vantro. Blyanten var magisk!

Oppspilt og litt nervøs bestemte Polly seg for å teste blyantens krefter videre. Hun tegnet en liten fugl, og jammen meg, den kvitret og fløy rundt hodet hennes. Pollys hjerte banket av glede og undring. Hun skjønte raskt at denne blyanten hadde kraften til å bringe tegningene hennes til live.

Neste morgen kunne Polly ikke vente med å vise oppdagelsen sin til sin beste venn, Max. Max var en nysgjerrig og smart gutt som elsket eventyr like mye som Polly. Da hun demonstrerte blyantens magi, ble Max målløs av forbløffelse.

"Polly, dette er utrolig! Vi kan ha de mest fantastiske eventyrene med denne blyanten!" utbrøt Max.

De bestemte seg for å holde blyanten hemmelig og bruke den til å dra på ekstraordinære eventyr. Deres første eventyr tok dem til en jungel. Polly tegnet en frodig, grønn skog med høye trær, eksotiske blomster og slyngete elver. Så snart hun var ferdig, forvandlet rommet rundt dem seg til en tett jungel.

Pippin bjeffet ivrig mens han sprang gjennom underskogen, og Polly og Max fulgte tett etter. De møtte fargerike papegøyer, lekne aper og til og med en mild elefant som lot dem ri på ryggen. Det var den mest magiske opplevelsen de noensinne hadde hatt.

I ukene som fulgte, dro Polly og Max på mange flere eventyr. De utforsket gamle slott, seilte de syv hav, og fløy til og med til fjerne planeter. Med hvert nye eventyr ble de nærmere og fantasiene deres nådde nye høyder.

En dag, mens de utforsket en mystisk hule, oppdaget Polly og Max et gammelt kart som førte til en skjult skatt. Kartet var fylt med ledetråder og gåter som bare de kunne løse. Bestemte på å finne skatten, tegnet Polly det siste stykket av kartet med sin magiske blyant, og eventyret begynte.

Kartet førte dem gjennom farlige fjell, over store ørkener og inn i fortryllede skoger. Underveis måtte de overliste listige troll, unngå smarte feller og løse utfordrende oppgaver. Men Polly og Max ga aldri opp. De visste at sammen kunne de overvinne enhver hindring.

Endelig, etter en lang og anstrengende reise, nådde de stedet merket med en X på kartet. Det var en vakker eng med et eneste gammelt tre som sto stolt i midten. Under treet fant de en skattekiste.

Med skjelvende hender åpnet Polly kisten, og inni fant de ikke gull eller juveler, men en samling av de mest fantastiske kunstforsyninger de noen gang hadde sett. Det var malinger som glitret som stjerner, børster som danset i hendene deres, og papir som skimret med magi.

Mens de beundret oppdagelsen sin, snakket en mild stemme fra treet. Det var ånden i skogen, en gammel og klok skapning som hadde voktet landet i århundrer.

"Polly og Max, dere har vist dere å være modige, kreative og godhjertede. Denne skatten er en gave til dere, slik at dere kan fortsette å bringe glede og undring inn i verden med kunsten deres. Bruk den klokt."

Polly og Max takket ånden og lovet å bruke de nye kunstforsyningene sine til å gjøre verden til et bedre sted. De vendte hjem med hjertene fulle av inspirasjon og takknemlighet.

Fra den dagen brukte Polly og Max sin magiske blyant og de fortryllede kunstforsyningene til å skape vakker kunst som brakte glede til alle i Willow Creek. De malte veggmalerier på skolens vegger, tegnet magiske skapninger for vennene sine, og holdt til og med kunstutstillinger for å inspirere andre.

Pollys soveromsvegger fortsatte å være fylt med hennes fantastiske tegninger, men nå ble kunsten hennes også delt med verden. Hun og Max hadde lært at den virkelige magien i blyanten ikke bare var å bringe tegningene deres til live, men i gleden og undringen den brakte til andre.

Daisy the Dolphin and the Mysterious Sea Treasure

In a sparkling bay where the water was as blue as the sky and the coral reefs shimmered like jewels, lived a dolphin named Daisy. Daisy was a cheerful dolphin with a playful spirit and a heart full of curiosity. She loved exploring the underwater world and making new friends with the sea creatures.

One sunny morning, as Daisy was playing tag with her best friend, a sea turtle named Toby, she noticed something glinting at the bottom of the ocean. It was unusual and sparkly, and Daisy's curiosity got the better of her.

"Wait here, Toby! I'm going to check something out," Daisy said, and with a flip of her tail, she dived down to investigate.

As Daisy got closer, she saw that the glinting object was a beautifully ornate box, partially buried in the sand. It was covered in intricate carvings of fish and seashells and looked very old. Daisy tried to open it, but it was firmly shut. She realized it must be a treasure chest!

Excited by her discovery, Daisy quickly swam back to Toby. "Toby, I found a treasure chest! We need to figure out how to open it."

Toby's eyes widened in surprise. "A treasure chest? That sounds like an adventure! Let's go find some help."

Daisy and Toby swam around the bay, gathering their friends: Sparkle the starfish, Finley the seahorse, and Bubbles the clownfish. They all gathered around the treasure chest, each taking turns trying to open it, but it wouldn't budge.

"This chest is really stuck," said Finley, scratching his tiny head. "Maybe we need a key."

"But where would we find a key in the ocean?" asked Sparkle, her arms waving in confusion.

Bubbles piped up, "I heard a story about an old, wise octopus named Oliver who lives in the Deep Blue Caves. Maybe he knows something about it."

Determined to unlock the mystery of the treasure chest, Daisy and her friends set off towards the Deep Blue Caves. It was a long journey filled with excitement and a bit of nervousness, but they stuck together, encouraging each other along the way.

As they entered the dark, twisting tunnels of the Deep Blue Caves, they finally found Oliver, the wise old octopus. His skin was a deep shade of purple, and his eyes sparkled with wisdom.

"Hello, Oliver," Daisy said respectfully. "We found this treasure chest, but we can't open it. Do you know how we might be able to?"

Oliver examined the chest with his many arms, tracing the carvings thoughtfully. "This is indeed an old treasure chest," he said. "It belonged to the Sea King long ago. To open it, you need the Coral Key, which is hidden in the Coral Castle. But beware, the castle is guarded by the Coral Guardians."

"Thank you, Oliver!" Daisy said with determination. "We'll find the Coral Key and unlock this treasure."

The friends left the Deep Blue Caves and headed towards the Coral Castle. The castle was a magnificent structure made entirely of glowing coral, with towers reaching towards the surface. But as they approached, the Coral Guardians, who were giant crabs with glittering shells, blocked their path.

"Who dares to enter the Coral Castle?" one of the guardians boomed.

"We're on a quest to find the Coral Key to open an ancient treasure chest," Daisy explained bravely. "Please let us pass."

The guardians looked at each other and then at Daisy and her friends. "You must prove your worthiness by completing a challenge," the leader of the guardians said.

"What challenge?" asked Toby, a bit nervous.

The guardian explained, "You must bring back the Pearl of Wisdom from the Abyssal Trench. It's a dangerous place, but only the brave and true-hearted can retrieve it."

Daisy and her friends gulped, but they knew they had to try. They swam towards the Abyssal Trench, which was dark and eerie. The water was colder, and strange creatures lurked in the shadows.

As they swam deeper, they finally saw a faint glow. It was the Pearl of Wisdom, resting in a bed of seaweed. Just as Daisy reached out to grab it, a huge, shadowy figure appeared. It was a giant anglerfish, with sharp teeth and a terrifying glow from its lure.

The friends huddled together, their hearts pounding. But Daisy took a deep breath and spoke calmly to the anglerfish, "We're on a quest to find the Coral Key. We need the Pearl of Wisdom to prove our worthiness. Please let us take it."

The anglerfish stared at Daisy with its large eyes. Then, to their surprise, it nodded slowly. "You are brave and speak with truth. Take the pearl."

Daisy gently picked up the Pearl of Wisdom, and the friends swam back to the Coral Castle as fast as they could. When they presented the pearl to the Coral Guardians, the giant crabs nodded in approval and allowed them to enter.

Inside the castle, they found the Coral Key resting on a pedestal. With the key in their possession, they swam back to the bay and eagerly approached the treasure chest.

With a sense of triumph, Daisy inserted the Coral Key into the lock. It fit perfectly. As she turned the key, the chest slowly creaked open. Inside, they found an array of dazzling treasures: glittering jewels, golden coins, and beautiful pearls. But there was something even more special—a scroll.

Daisy unrolled the scroll and read it aloud. It was a message from the Sea King, thanking whoever found the treasure for their bravery and promising that the treasure would bring prosperity to all sea creatures. There was also a note saying that true treasure lies not in gold and jewels, but in friendship and courage.

Daisy and her friends smiled at each other. They had discovered not just a treasure chest but also the true meaning of adventure and friendship. They decided to use the treasures to help all the creatures in the bay, building new homes for those who needed them and sharing the wealth with everyone.

From that day on, Daisy and her friends continued to explore the ocean, but they always remembered the lesson they had learned: that the greatest treasures are the friends you have and the adventures you share.

Daisy Delfinen og den Mysteriouske Sjøskatten

I en gnistrende bukt hvor vannet var like blått som himmelen og korallrevene glitret som juveler, bodde det en delfin som het Daisy. Daisy var en munter delfin med en leken ånd og et hjerte fullt av nysgjerrighet. Hun elsket å utforske undervannsverdenen og få nye venner blant sjødyr.

En solrik morgen, mens Daisy lekte gjemsel med sin beste venn, en havskilpadde som het Toby, la hun merke til noe som glinset på bunnen av havet. Det var uvanlig og skinnende, og Daisys nysgjerrighet tok overhånd.

"Vent her, Toby! Jeg skal sjekke noe," sa Daisy, og med et sveip med halen, dykket hun ned for å undersøke.

Da Daisy kom nærmere, så hun at det glitrende objektet var en vakkert utsmykket boks, delvis begravet i sanden. Den var dekket av intrikate utskjæringer av fisk og skjell og så veldig gammel ut. Daisy prøvde å åpne den, men den var godt lukket. Hun skjønte at det måtte være en skattkiste!

Oppspilt av oppdagelsen sin, svømte Daisy raskt tilbake til Toby. "Toby, jeg fant en skattkiste! Vi må finne ut hvordan vi kan åpne den."

Tobys øyne utvidet seg i overraskelse. "En skattkiste? Det høres ut som et eventyr! La oss finne litt hjelp."

Daisy og Toby svømte rundt bukta og samlet vennene sine: Stella sjøstjernen, Finley sjøhesten og Boble klovnefisken. De samlet seg alle rundt skattkisten, hver av dem prøvde å åpne den, men den rørte seg ikke.

"Denne kisten er virkelig fast," sa Finley, mens han klødde seg på det lille hodet. "Kanskje vi trenger en nøkkel."

"Men hvor finner vi en nøkkel i havet?" spurte Stella, mens armene hennes vaiet i forvirring.

Boble ropte, "Jeg har hørt en historie om en gammel, klok blekksprut som heter Oliver, som bor i de Dype Blå Hulene. Kanskje han vet noe om det."

Bestemt på å løse mysteriet med skattkisten, satte Daisy og vennene hennes kurs mot de Dype Blå Hulene. Det var en lang reise fylt med spenning og litt nervøsitet, men de holdt sammen og oppmuntret hverandre underveis.

Da de kom inn i de mørke, vridende tunnelene i de Dype Blå Hulene, fant de endelig Oliver, den vise gamle blekkspruten. Huden hans var en dyp lilla farge, og øynene glitret med visdom.

"Hallo, Oliver," sa Daisy respektfullt. "Vi fant denne skattkisten, men vi kan ikke åpne den. Vet du hvordan vi kan klare det?"

Oliver undersøkte kisten med de mange armene sine og fulgte utskjæringene tankefullt. "Dette er virkelig en gammel skattkiste," sa han. "Den tilhørte Sjøkongen for lenge siden. For å åpne den trenger dere Koralnøkkelen, som er skjult i Koralldslottet. Men pass på, slottet er voktet av Koralldvogterne."

"Takk, Oliver!" sa Daisy med besluttsomhet. "Vi skal finne Koralnøkkelen og åpne denne skatten."

Vennene forlot de Dype Blå Hulene og satte kurs mot Koralldslottet. Slottet var en fantastisk struktur laget helt av glødende korall, med tårn som strakte seg mot overflaten. Men da de nærmet seg, blokkerte Koralldvogterne, som var gigantiske krabber med glitrende skjell, veien deres.

"Hvem våger å gå inn i Koralldslottet?" brølte en av vokterne.

"Vi er på et oppdrag for å finne Koralnøkkelen for å åpne en gammel skattkiste," forklarte Daisy modig. "Vennligst la oss passere."

Vokterne så på hverandre og deretter på Daisy og vennene hennes. "Dere må bevise deres verdighet ved å fullføre en utfordring," sa lederen av vokterne.

"Hvilken utfordring?" spurte Toby, litt nervøs.

Vokteren forklarte, "Dere må hente Visdomsperlen fra Avgrunnsdypet. Det er et farlig sted, men bare de modige og sannhjertede kan hente den."

Daisy og vennene hennes svelget tungt, men de visste at de måtte prøve. De svømte mot Avgrunnsdypet, som var mørkt og skummelt. Vannet var kaldere, og merkelige skapninger lurte i skyggene.

Da de svømte dypere, så de endelig en svak glød. Det var Visdomsperlen, som lå i en seng av tang. Akkurat da Daisy strakte seg ut for å ta den, dukket det opp en stor, skyggefull skikkelse. Det var en gigantisk lysfisk, med skarpe tenner og en skremmende glød fra agnet sitt.

Vennene holdt sammen, hjertene deres banket. Men Daisy tok en dyp pust og snakket rolig til lysfisken, "Vi er på et oppdrag for å finne Koralnøkkelen. Vi trenger Visdomsperlen for å bevise vår verdighet. Vennligst la oss ta den."

Lysfisken stirret på Daisy med de store øynene sine. Til deres overraskelse nikket den sakte. "Dere er modige og snakker sannhet. Ta perlen."

Daisy tok forsiktig opp Visdomsperlen, og vennene svømte så raskt de kunne tilbake til Koralldslottet. Da de presenterte perlen for Koralldvogterne, nikket de store krabbene anerkjennende og lot dem gå inn.

Inne i slottet fant de Koralnøkkelen på en sokkel. Med nøkkelen i besittelse svømte de tilbake til bukta og nærmet seg skattkisten med forventning.

Med en følelse av triumf satte Daisy inn Koralnøkkelen i låsen. Den passet perfekt. Da hun dreide nøkkelen, åpnet kisten seg sakte. Inne fant de en rekke blendende skatter: glitrende juveler, gullmynter og vakre perler. Men det var noe enda mer spesielt—a scroll.

Daisy rullet opp scrollen og leste høyt. Det var en melding fra Sjøkongen, som takket de som fant skatten for deres mot og lovet at skatten ville bringe velstand til alle sjødyr. Det var også en beskjed som sa at den virkelige skatten ikke ligger i gull og juveler, men i vennskap og mot.

Daisy og vennene hennes smilte til hverandre. De hadde oppdaget ikke bare en skattkiste, men også den sanne betydningen av eventyr og vennskap. De bestemte seg for å bruke skattene til å hjelpe alle skapningene i bukta, bygge nye hjem for de som trengte det, og dele rikdommen med alle.

Fra den dagen av fortsatte Daisy og vennene hennes å utforske havet, men de husket alltid leksjonen de hadde lært: at de største skattene er vennene du har og eventyrene du deler.

Pippa the Detective Panda and the Case of the Missing Bamboo

In the bustling heart of Bamboo Forest, there lived a clever and inquisitive panda named Pippa. Pippa wasn't just any ordinary panda; she was the best detective the forest had ever known. With her magnifying glass and her trusty notebook, she could solve any mystery that came her way.

One sunny morning, Pippa was enjoying her favorite breakfast—fresh bamboo shoots—when she heard a commotion. She put down her bamboo and hurried to see what was happening. A crowd of worried animals had gathered near the biggest bamboo grove in the forest.

"It's gone! It's all gone!" cried Benny, the beaver, wringing his paws in despair.

"What's gone, Benny?" asked Pippa, adjusting her detective hat.

"The bamboo! All the bamboo from this grove has disappeared overnight!" Benny replied, his eyes wide with worry.

Pippa's eyes narrowed with determination. This was a mystery that needed solving, and she was just the panda for the job. She pulled out her magnifying glass and began to inspect the area.

"Don't worry, everyone. I'll find out who took the bamboo," Pippa declared confidently.

The first thing Pippa noticed were some strange footprints leading away from the grove. They were unlike any footprints she had seen before. She followed the trail, which wound through the forest and towards the riverbank. There, she found a small piece of green fabric snagged on a thorny bush.

"Hmm, this is interesting," Pippa muttered to herself, examining the fabric. She tucked it into her notebook for later and continued following the footprints.

As she walked along the riverbank, Pippa heard a rustling noise in the bushes. She quietly approached and peeked through the leaves. To her surprise, she saw Ricky, the raccoon, hurriedly stuffing bamboo shoots into a large sack.

"Ricky! What are you doing with all that bamboo?" Pippa asked, stepping out from her hiding spot.

Ricky froze, his eyes wide with guilt. "Oh, Pippa, I can explain! I wasn't stealing the bamboo, I swear! I was just... borrowing it."

Pippa raised an eyebrow. "Borrowing it? For what?"

Ricky sighed and put down the sack. "I wanted to build a bamboo raft to float down the river. But I knew no one would let me take this much bamboo, so I thought I'd just borrow it and return it later."

Pippa shook her head. "Ricky, you should have asked first. Now the whole forest is worried. Come on, let's take the bamboo back and explain everything."

Ricky nodded, looking ashamed. Together, they carried the bamboo back to the grove, where the animals were anxiously waiting. When they saw Pippa and Ricky with the bamboo, they cheered in relief.

"Everyone, it was just a misunderstanding," Pippa explained. "Ricky was trying to build a raft and didn't mean any harm. He's going to return the bamboo."

Benny the beaver stepped forward. "Ricky, you should have asked. But I'm glad it was just a misunderstanding."

Ricky apologized to everyone, and the animals forgave him. They even decided to help Ricky build his raft, making sure it was sturdy and wouldn't use too much bamboo.

That evening, as the sun set over Bamboo Forest, the animals gathered by the river to watch Ricky launch his new raft. Pippa smiled, knowing she had solved another mystery and brought the forest animals closer together.

Pippa returned to her cozy den, feeling satisfied with a job well done. She knew there would be more mysteries to solve in the future, but for now, she could rest easy, knowing that peace had been restored in Bamboo Forest.

And so, Pippa the Detective Panda lived happily, always ready for the next adventure, with her friends by her side.

Pippa Detektivpandaen og saken om den Forsvunnede Bambusen

I hjertet av Bambusskogen bodde det en smart og nysgjerrig panda ved navn Pippa. Pippa var ikke en hvilken som helst panda; hun var den beste detektiven skogen noensinne hadde kjent. Med sitt forstørrelsesglass og sin trofaste notatbok kunne hun løse enhver gåte som kom hennes vei.

En solfylt morgen nøt Pippa sin favorittfrokost—friske bambusskudd—da hun hørte et oppstyr. Hun la ned bambusen og skyndte seg for å se hva som foregikk. En flokk bekymrede dyr hadde samlet seg nær den største bambuslunden i skogen.

"Det er borte! Alt er borte!" ropte Benny beveren og vred hendene i fortvilelse.

"Hva er borte, Benny?" spurte Pippa, mens hun justerte detektivhatten sin.

"Bambusen! All bambusen fra denne lunden har forsvunnet over natten!" svarte Benny med store øyne.

Pippas øyne snevret seg inn med besluttsomhet. Dette var en gåte som trengte å bli løst, og hun var akkurat den pandaen for jobben. Hun trakk frem forstørrelsesglasset sitt og begynte å undersøke området.

"Ikke bekymre dere, alle sammen. Jeg skal finne ut hvem som tok bambusen," erklærte Pippa selvsikkert.

Det første Pippa la merke til var noen merkelige fotavtrykk som ledet bort fra lunden. De var ulik noen fotavtrykk hun hadde sett før. Hun fulgte sporet, som slynget seg gjennom skogen og mot elvebredden. Der fant hun et lite stykke grønt stoff som hadde satt seg fast i en tornete busk.

"Hmm, dette er interessant," mumlet Pippa til seg selv mens hun undersøkte stoffet. Hun la det i notatboken sin for senere og fortsatte å følge fotavtrykkene.

Mens hun gikk langs elvebredden, hørte Pippa en raslende lyd i buskene. Hun nærmet seg stille og kikket gjennom bladene. Til sin overraskelse så hun Ricky vaskebjørnen som hastig stappet bambusskudd ned i en stor sekk.

"Ricky! Hva gjør du med all den bambusen?" spurte Pippa og trådte ut fra gjemmestedet sitt.

Ricky frøs, øynene hans store av skyldfølelse. "Åh, Pippa, jeg kan forklare! Jeg stjal ikke bambusen, jeg sverger! Jeg bare... lånte den."

Pippa hevet et øyenbryn. "Lånte den? Til hva da?"

Ricky sukket og la ned sekken. "Jeg ville bygge en bambusflåte for å flyte nedover elva. Men jeg visste at ingen ville la meg ta så mye bambus, så jeg tenkte jeg bare skulle låne det og returnere det senere."

Pippa ristet på hodet. "Ricky, du burde ha spurt først. Nå er hele skogen bekymret. Kom igjen, la oss ta bambusen tilbake og forklare alt."

Ricky nikket, skamfull. Sammen bar de bambusen tilbake til lunden, hvor dyrene ventet spent. Da de så Pippa og Ricky med bambusen, jublet de i lettelse.

"Alle sammen, det var bare en misforståelse," forklarte Pippa. "Ricky prøvde å bygge en flåte og mente ikke noe vondt. Han skal returnere bambusen."

Benny beveren trådte frem. "Ricky, du burde ha spurt. Men jeg er glad for at det bare var en misforståelse."

Ricky ba alle om unnskyldning, og dyrene tilga ham. De bestemte seg til og med for å hjelpe Ricky med å bygge flåten hans, slik at den var solid og ikke brukte for mye bambus.

Den kvelden, da solen gikk ned over Bambusskogen, samlet dyrene seg ved elva for å se Ricky sette ut sin nye flåte. Pippa smilte, vel vitende om at hun hadde løst enda en gåte og brakt skogdyrene nærmere hverandre.

Pippa returnerte til sitt koselige hi, tilfreds med en godt utført jobb. Hun visste at det ville være flere mysterier å løse i fremtiden, men for nå kunne hun hvile lett, vel vitende om at freden var gjenopprettet i Bambusskogen.

Og slik levde Pippa Detektivpandaen lykkelig, alltid klar for neste eventyr, med vennene sine ved sin side.

Ziggy the Zebra and the Great Savannah Mystery

In the heart of the African savannah, where the grasslands stretched as far as the eye could see, lived a young zebra named Ziggy. Ziggy was no ordinary zebra; he had a knack for getting into and out of trouble, and a nose for mysteries that no one else could solve. With his black and white stripes and a curious mind, he was always ready for an adventure.

One sunny afternoon, Ziggy was grazing with his friends when a loud noise echoed across the savannah. It was a strange, rumbling sound that made the ground vibrate beneath their hooves.

"Did you hear that?" Ziggy asked, his ears twitching.

His best friend, Lola the lioness, nodded. "It sounded like it came from the old baobab tree."

Ziggy's curiosity was instantly piqued. "Let's go check it out!" he said, already trotting towards the direction of the sound.

As they approached the ancient baobab tree, they noticed something unusual. The ground around the tree was disturbed, and there were deep marks in the dirt, as if something heavy had been dragged away.

"This is strange," said Ziggy, examining the marks closely. "It's like something big was moved from here."

Just then, Kiko the giraffe appeared, his long neck stretching high above the trees. "What's going on?" he asked, peering down at the scene.

"We heard a strange noise and found these marks," Ziggy explained. "It looks like something was taken from here. We need to figure out what happened."

With Lola and Kiko by his side, Ziggy set off to follow the trail. They trekked across the savannah, through tall grasses and over rocky terrain, determined to uncover the mystery.

As they walked, they met other animals who had heard the noise too. There was Toto the tortoise, who moved slowly but noticed everything, and Rafi the rhino, whose keen sense of smell picked up a faint, unusual scent.

"I think we should follow this scent," Rafi suggested, his nostrils flaring. "It's different from anything I've smelled before."

The group continued, guided by Rafi's nose. The scent led them to a hidden cave at the base of a hill. The entrance was covered by thick vines, almost as if someone had tried to hide it.

"This must be it," Ziggy whispered, excitement bubbling inside him. "Let's go in, but be careful."

Inside the cave, the air was cool and damp. Their eyes adjusted to the dim light, revealing a large underground chamber. In the center of the chamber was a massive, ancient drum, its surface covered in intricate carvings.

"This must be what was taken from the baobab tree," Lola said, marveling at the drum. "But why would anyone take it and bring it here?"

Before they could ponder further, they heard a shuffling sound. Out of the shadows stepped an old, wise elephant named Elewa. His wrinkled face bore a gentle smile, and his eyes twinkled with wisdom.

"Hello, young ones," Elewa greeted them warmly. "I see you've found my secret."

"Your secret?" Ziggy asked, puzzled. "Why did you move the drum?"

Elewa sighed softly. "This drum is no ordinary drum. It is the Heartbeat of the Savannah, an ancient relic that keeps the balance of our land. Lately, I have sensed a disturbance, a disruption in our harmony. I moved the drum here to investigate without causing alarm."

Ziggy and his friends listened intently as Elewa continued. "The drum's heartbeat has weakened, and I fear it is because of the pollution from the nearby river. If we do not fix this, our savannah will suffer."

Determined to help, Ziggy asked, "What can we do to save the drum and the savannah?"

Elewa smiled kindly. "You have already taken the first step by uncovering the mystery. Now, we must clean the river and restore its purity. Only then will the drum's heartbeat be strong again."

Without hesitation, Ziggy and his friends set out on a new mission. They traveled to the river, where they found it clogged with debris and pollutants. Working together, they cleaned the river, removing trash and purifying the water. It was hard work, but their determination never wavered.

Day by day, the river's clarity returned, and soon it sparkled under the sun like a flowing ribbon of silver. The animals of the savannah noticed the change and joined in, helping to keep the river clean.

As the river healed, Elewa returned the drum to its rightful place beneath the baobab tree. With great ceremony, he struck the drum, and a deep, resonant sound echoed across the savannah. The ground hummed with life, and the animals cheered.

"The Heartbeat of the Savannah is restored," Elewa announced proudly. "Thanks to you, our home is safe once more."

Ziggy beamed with pride. He had solved the mystery and, more importantly, helped to save the savannah. His heart swelled with joy, knowing he had made a difference.

That night, under a blanket of stars, the animals of the savannah gathered for a grand celebration. There was music, dancing, and laughter, and at the center of it all was Ziggy, the brave little zebra with a heart full of adventure.

As the festivities continued, Elewa approached Ziggy. "You have shown great courage and wisdom, young zebra. The savannah is lucky to have you."

Ziggy smiled. "Thank you, Elewa. But I couldn't have done it without my friends. Together, we can solve any mystery and overcome any challenge."

And so, Ziggy the Zebra and his friends continued to explore the savannah, always ready for the next adventure. They knew that as long as they worked together, there was no mystery too big and no problem too small.

In the heart of the African savannah, the heartbeat continued to thrive, and the land flourished, thanks to the bravery and teamwork of Ziggy and his friends.

Ziggy Sebraen og Det Store Savannemysteriet

I hjertet av den afrikanske savannen, hvor gresslettene strakte seg så langt øyet kunne se, bodde en ung sebra ved navn Ziggy. Ziggy var ingen vanlig sebra; han hadde en teft for å komme inn og ut av trøbbel, og en nese for mysterier som ingen andre kunne løse. Med sine svarte og hvite striper og et nysgjerrig sinn var han alltid klar for et eventyr.

En solfylt ettermiddag beitet Ziggy med vennene sine da en høy lyd gjallet over savannen. Det var en merkelig, buldrende lyd som fikk bakken til å vibrere under hovene deres.

"Hørte dere det?" spurte Ziggy, mens ørene hans rykket til.

Hans beste venn, Lola løvinnen, nikket. "Det hørtes ut som om det kom fra det gamle baobabtreet."

Ziggys nysgjerrighet ble straks vekket. "La oss sjekke det ut!" sa han, allerede travende mot lyden.

Da de nærmet seg det eldgamle baobabtreet, la de merke til noe uvanlig. Bakken rundt treet var forstyrret, og det var dype merker i jorden, som om noe tungt hadde blitt dratt bort.

"Dette er merkelig," sa Ziggy og undersøkte merkene nøye. "Det er som om noe stort ble flyttet herfra."

Akkurat da dukket Kiko sjiraffen opp, med halsen strukket høyt over trærne. "Hva skjer?" spurte han og kikket ned på scenen.

"Vi hørte en merkelig lyd og fant disse merkene," forklarte Ziggy. "Det ser ut som om noe ble tatt herfra. Vi må finne ut hva som skjedde."

Med Lola og Kiko ved sin side satte Ziggy av sted for å følge sporet. De vandret over savannen, gjennom høyt gress og over steinete terreng, fast bestemt på å avdekke mysteriet.

Mens de gikk, møtte de andre dyr som også hadde hørt lyden. Der var Toto skilpadden, som beveget seg sakte men merket seg alt, og Rafi neshornet, som hadde en skarp luktesans og oppdaget en svak, uvanlig duft.

"Jeg tror vi bør følge denne duften," foreslo Rafi, mens neseborene hans vibrerte. "Den er annerledes enn noe jeg har luktet før."

Gruppen fortsatte, veiledet av Rafis nese. Duften ledet dem til en skjult hule ved foten av en høyde. Inngangen var dekket av tykke vinranker, nesten som om noen hadde prøvd å skjule den.

"Dette må være det," hvisket Ziggy, med spenning boblende inni seg. "La oss gå inn, men vær forsiktige."

Inne i hulen var luften kjølig og fuktig. Øynene deres tilpasset seg det svake lyset, og avdekket et stort underjordisk kammer. I midten av kammeret var en massiv, eldgammel tromme, dens overflate dekket av intrikate utskjæringer.

"Dette må være det som ble tatt fra baobabtreet," sa Lola, mens hun beundret trommen. "Men hvorfor skulle noen ta den og bringe den hit?"

Før de rakk å gruble mer, hørte de en raslende lyd. Ut av skyggene trådte en gammel, klok elefant ved navn Elewa. Hans rynkete ansikt bar et mildt smil, og øynene hans glitret av visdom.

"Hallo, unge venner," hilste Elewa dem varmt. "Jeg ser at dere har funnet hemmeligheten min."

"Hemmeligheten din?" spurte Ziggy, forvirret. "Hvorfor flyttet du trommen?"

Elewa sukket mykt. "Denne trommen er ingen vanlig tromme. Den er Hjerteslaget til Savannen, en eldgammel relikvie som opprettholder balansen i vårt land. I det siste har jeg merket en forstyrrelse, en uorden i harmonien vår. Jeg flyttet trommen hit for å undersøke uten å skape bekymring."

Ziggy og vennene hans lyttet nøye mens Elewa fortsatte. "Trommens hjerteslag har svekket seg, og jeg frykter det er på grunn av forurensningen fra den nærliggende elven. Hvis vi ikke ordner opp i dette, vil savannen lide."

Fast bestemt på å hjelpe, spurte Ziggy, "Hva kan vi gjøre for å redde trommen og savannen?"

Elewa smilte vennlig. "Dere har allerede tatt det første steget ved å avdekke mysteriet. Nå må vi rense elven og gjenopprette dens renhet. Først da vil trommens hjerteslag bli sterkt igjen."

Uten å nøle, satte Ziggy og vennene hans ut på et nytt oppdrag. De reiste til elven, hvor de fant den tilstoppet med avfall og forurensning. Sammen renset de elven, fjernet søppel og renset vannet. Det var hardt arbeid, men deres besluttsomhet vaklet aldri.

Dag for dag kom elvens klarhet tilbake, og snart glitret den under solen som et flytende sølvbånd. Dyrene i savannen la merke til forandringen og ble med på å holde elven ren.

Da elven var helbredet, returnerte Elewa trommen til sin rettmessige plass under baobabtreet. Med stor seremoni slo han på trommen, og en dyp, resonant lyd gjallet over savannen. Bakken summet av liv, og dyrene jublet.

"Hjerteslaget til Savannen er gjenopprettet," kunngjorde Elewa stolt. "Takket være dere er vårt hjem trygt igjen."

Ziggy strålte av stolthet. Han hadde løst mysteriet og, viktigst av alt, hjulpet med å redde savannen. Hjertet hans svulmet av glede, vel vitende om at han hadde gjort en forskjell.

Den kvelden, under et teppe av stjerner, samlet savannens dyr seg for en stor feiring. Det var musikk, dans og latter, og i sentrum av det hele var Ziggy, den modige lille sebraen med et hjerte fullt av eventyr.

Mens festlighetene fortsatte, nærmet Elewa seg Ziggy. "Du har vist stort mot og visdom, unge sebra. Savannen er heldig som har deg."

Ziggy smilte. "Takk, Elewa. Men jeg kunne ikke ha gjort det uten vennene mine. Sammen kan vi løse ethvert mysterium og overvinne enhver utfordring."

Og slik fortsatte Ziggy Sebraen og vennene hans å utforske savannen, alltid klare for neste eventyr. De visste at så lenge de jobbet sammen, var det ingen gåte for stor og intet problem for lite.

I hjertet av den afrikanske savannen fortsatte hjerteslaget å blomstre, og landet blomstret, takket være motet og samarbeidet til Ziggy og vennene hans.